Für A.

Kathrin Maier

Worte an A.

Gedichte, Gedanken und Geschichten

© tao.de GmbH

1. Auflage

Autorin: Kathrin Maier

Umschlaggestaltung, Illustration:

Rainer Werner, www.trenddesign-team.de

Lektorat, Korrektorat: Angelika Fleckenstein, www.spotsrock.de

Übersetzung: Ewa Keller-Wielopolska

Verlag: tao.de GmbH, Bielefeld · www.tao.de · info@tao.de

ISBN: 978-3-95529-053-5

Printed in Germany

Bibliografische Information der Deutschen Nationalbibliothek: Die Deutsche Nationalbibliothek verzeichnet diese Publikation in der Deutschen Nationalbibliografie; detaillierte bibliografische Daten sind im Internet über http://dnb.d-nb.de abrufbar.

Schreibversuch

Eigentlich sind es circa nur 30 Zentimeter Abstand
von meinen Kopf bis zum Papier auf meinem Schreibtisch, und
doch so oft so fern für meine Worte im Kopf bis zum Papier.
Manchmal wollte ich nur den Kopf schütteln,
um die Worte aufs Papier zu schütten,
um die Authentizität nicht zu verändern.
Doch meine Hand mit dem Stift zum Schreiben
hindert mich immer wieder daran.
Es ist wie Flüsterpost von meinem Kopf durch den Arm,
und die Finger, in den Stift bis zum Papier.
Was letztendlich darauf dann zu lesen ist,
ist nicht das, was ich wollte – dachte – fühlte.

Wandlung

Zu gehen den Weg der Wandlung
In verschiedenen Brautkleidern
In des Waldestief
Im dunklen Grün über Sträucher und Dornen
Zu hören aus des Stammestiefe den Fluss des Lebens
Und der Weisheit in den Baumkronen
Im Wiederkehr der Jahre
Zu tragen die Erde in ihrer Wurzeltiefe
Und spannen um den Erdball das tiefe Wissen darum
Zu halten Hochzeit mit der Wandlung des Lebens
In meiner Herzenstiefe.

Mein Platz

Von Moment zu Moment

Zu vertauschen den Platzhalter, der Platz hält für mich im Leben

Platz halten für mich, die erst begreifen musste: ich bin

Und kein Platzhalter für irgendjemand, irgendwen

Für mich den Platz ausfüllen mit mir

Mit mir, in Liebe und Denken und Gefühl

Und Plätze füllen damit

Somit begreifen

Den Moment genau hier Platz zu nehmen in meinem Leben

Ich

Animus

Unabhängig von deiner Person als Person
Von deinem Körper als Körper
Deinem Intellekt als Intellekt
Es ist für mich:
der König, der Weise, der Greis, der Bettler, der Till,
der Vertraute, der Fremde,
mein Vater, mein Großvater
all meine männlichen Ahnen, die mir zur Seite stehen -
die Schulter für meinen Kopf,
die Hand auf meiner Seele,
das Symbol auf meiner Stirn
mein Animus

Übers Schreiben

Die Stille tropft in mir
Lässt Stalagmiten wachsen in der Höhle meiner Seele
Worte entstehen
Wie der Flug des Tropfens
So Gedanken übertragen auf Papier
Immer wieder auf denselben Punkt zu kommen
Um solche Gebilde entstehen zu lassen
Punkt-Tropf-Genau

Stille tut gut

Stille tut gut
Stille gibt ruhe
Stille ist stiller als Schweigen
Stille lässt mich hören
Schweigen lässt mich in mir ruhen
Stille und Schweigen lassen mich
Schreiben

Das System

Es ist doch jetzt auch egal,
zu fragen, wie oder warum dies oder jenes passiert ist.
Es ist das unumstößliche Zustreben dieser Kräfte,
die unerkannt, unbeherrscht zwischen
Sonnen, Stürmen und Tausenden von Zahlen
in ihrem eigenen Rhythmus und System
rechnen und aufeinandertreffen. Exakt genau.

Auch wir sind davon nicht ausgenommen.
Nur unser Verständnis davon ist klein –
Eher nichts wissend.
Doch begreifend ist es so simpel,
einfach hindurchzugehen durch das Leben
wie durch einen Regenschauer -
Jeder Tropfen ein Ereignis.
Doch erkennst du es auch?!
Angst ist der Fehler in unserem System.
Damit lässt sich manipulieren.
Angst und Schuld:
Frei von beiden, lässt dich gehen frei!

Unten im Keller

Nur da unten - unten im Keller
Die Nische unter der Treppe
Wo kein Licht und kein Besen hinkommen
Dort hinein geduckt
Die Knie angezogen bis zum Kinn
Versuche zu parken die Gedanken
In der Stille
Im Modergeruch
Zu treffen auf die Treppe in mir, die hinab führt in die dunkle wahre Nische

Zu erhellen mein Herz, um zu sich selber ehrlich zu sein
Ehrlich sein – wahr, klar und hart
Unliebsame Gedanken wahrhaft ausrollen auf dem Kellerboden
Böse, dunkle, falsche, betrügerische, lügnerische Gedanken wahr werden lassen auf dem Kellerboden

Nicht wie vorbei tastende huschende Spinnen und Asseln
erschlagen
Keinen einzigen Gedanken erschlagen
Hart aufschlagen lassen auf dem Kellerboden
Den Kopf heben in die Dunkelheit blickend
Wahr zu schauen auf dem Kellerboden
Mit den Händen tastend – nicht verwischen
Nicht, nicht mehr lügen
Selbstlügen im Keller sind wie böse Glassplitter im Handgelenk
Sie stecken fest und lassen bluten tief

Falsche Gedanken verkehren Worte
Doch Worte sind Fragmente – und Gedanken huschende Spinnen,
die weben im Kopf vergessen lassende Einfachheiten zum
Überleben.
Dort unten in meinem Keller.

Am Strand von Sława

Polnische Tanzmusik. Die Luft warm und windig. Musikfetzen hellen auf und verklingen. Der See glitzert in der Sonne. Die Imbissbude, vor der wir Platz genommen haben, sieht eher wie ein Container aus. Doch sauber, bunt mit großen Buchstaben „Restauracja". Die Speisekarte übersichtlich, aber einladend. Leute flanieren vorüber. Kunterbunt, alt, jung, groß, klein, schwanger. Ja, schwanger! Viele Kinderwagen, warmer Familiensinn. Umherblickend bemerken wir Dinge, die in Deutschland unmöglich wären. Eben dieser Imbiss, der Campingplatz dahinter, mit schiefen, zusammengezimmerten Häuschen, Bugs Bunny-Figuren ausgebleicht, davor Wäscheleinen, Blumenkübel aus Beton leer oder mit Unkraut. Dieses Unfertige, Unperfekte, Vergessene lässt das Leben so einfach und leicht erscheinen. Es geht auch so. So ist es: Bugs Bunny, Wäscheleine, Blumentopf. Es tut gut so unverblümt, unverdeckt, direkt zu gehen, zu lachen, zu leben. Direkt in der Sonne, vor diesem Container mit Bugs Bunny am Strand von Sława.

Tu – Tam – być!

Hier – Dort –Sein!

Hier bei mir bei dir hier
Dort bei dir hier
Bei mir hier dort
Dort hier bei mir
Hier bei dir bei mir dort
Sein!
Mein Sein hier!
Dein Sein dort!

Täuschungs –Ton (Czesław Miłosz ´s Schwingung)[1]

Letztendlich wissen wir, dass wir alle einer Täuschung erlegen sind. Und immer, immer wieder erlegen werden. Täuschung erhält am Leben. Lässt atmen, den nächsten Schritt nach vorne tun. Täuschung, um dieses Chaos zu übersehen – es erträglich zu machen. Und dann kommt er und sagt mir die Wahrheit! Woher wusste er das? Diese Saite in mir zu finden und anzuschlagen, um in der gleichen Frequenz wie unser Erdinnerstes zu vibrieren, zu klingen.

Tief, tief, tiefer die Saite meiner Seele schwingt. Erde hier bin ich: Lass uns in einen Ton schwingen. Auf deinem tiefen Ton, der mir auf polnischer Erde am nahsten ist.

---

1) Bezugnehmend auf „Vorrübergehend und nur zum Schein“ von Czesław Miłosz

Dort

Du kommst von dort
Und ich geh nicht dorthin
Kann fallen
Gegen deine Schulter
Um nicht zu fallen
In den Wahnsinn
Von dort

Die abgeschickte email:

Es ist schon komisch, ich schreibe Dir meine Gedanken und meine Gefühle. Ich denke: Du musst schon etliches aushalten, was ich Dir schreibe – doch schon im nächsten Moment kommen meine Zweifel, ob Du überhaupt das liest, was ich dir schicke? Vielleicht öffnest du erst gar nicht die Post oder du löscht es ohne es eines Blickes zu würdigen? Auf welchem unterschiedlichen Status wir uns dann gegenseitig befinden würden. Ich würde davon ausgehen, Du weißt alles, obwohl bei Dir gar nichts von mir angekommen ist. Aber das ist das Schwierige: ich weiß ja nicht, ob Du mich „weißt“ - Was passiert dann, wenn wir uns treffen, in die Augen sehen? – Ich auf meiner Seite mit meinen Gefühlen, die geschrieben und abgeschickt – und Du auf Deiner Seite... ja? Das ist es eben: Weiß ich es, ob Du es weißt? Oder nicht weißt? Unser beider Stadien wäre so unterschiedlich. Meiner gebend! – Deiner wissend oder eben leer?

Doch ist es so: ich schreibe! - Du nicht! Somit „weißt" Du mich, falls Du es liest. Und ich weiß nichts von Dir. Somit wäre unser Status auch sehr different. Doch wir wüssten darum. Und nochmal: wenn du nicht liest ... so ist es für mich wissend, was ich Dir schrieb – und Du wärst leer – ohne Wissen und Gefühl ...

Und ich hätte keinen Widerhall und nur leere Hände.

Wysłany mail:

Właściwie to dziwne, piszę ci moje myśli, opisuję uczucia.
Tak sobie myślę: musisz sporo znieść, bo to co ci piszę...
ale już za moment mam wątpliwości, czy ty w ogóle czytasz to, co ci posyłam? Być może wcale nie otwierasz poczty, albo kasujesz bez łaskawego spojrzenia na nią?
Jakże odmienne jest nasze położenie.
Przypuszczam, że wiesz wszystko, chociaż nic ode mnie nie dotarło do ciebie. Ale to jest ta trudność: ja przecież nie wiem, czy ty mnie „pojmujesz" – co się stanie, kiedy się spotkamy, spojrzymy sobie w oczy?
Ja po mojej stronie z moimi uczuciami, napisanymi i wysłanymi – a ty po swojej stronie... tak?
Otóż to: wiem to, czy ty to wiesz? Albo i nie wiesz?
Nasze poziomy są tak różne. Mój ofiarujący – twój pojmujący lub też i pusty?

Przecież właśnie tak to jest: ja piszę – a ty nie!

Stąd „pojmujesz" mnie, jeśli to czytasz. A ja nie wiem nic o tobie.Stąd tak różne jest nasze położenie. Przecież powinniśmy t o wiedzieć.

I jeszcze raz: jeśli nie czytasz... ale wiadomo mi, co tobie piszę –

A ty jesteś pusty – bez wiedzy i uczucia...

A ja pozostaję bez echa i tylko z pustymi rękami.

Marktplatz

Den Faden
Verbindung
Aufnehmen
Mitten
Auf der Türschwelle
Auf dem Marktplatz
Ankommen
Zurücklassen
Bei dir

Rynek

Nitkę

Powiązanie

Przyjąć

W środku

Na progu

Na rynku

Przybyć

Pozostawić

Przy tobie

Demenz

Weißt Du? Ich habe Demenz.
Ja, das ist die Diagnose.
Ja, ich weiß, es ist schrecklich.
Doch manchmal schon vergesse ich es.
Und das ist komisch, wenn es mir dann wieder einfällt.
Und mir einfällt, dass ich es vergessen hatte.
Ich möchte so nicht weiterleben – das weiß ich.
Und solange wie ich es noch weiß,
Möchte ich mein Leben beenden.
Würdig für mich und alle anderen,
Die mich ertragen müssten mit meiner Leere.
Solange ich noch überlegen kann – schaue ich nach dem richtigen Weg aus dieser Situation.
Doch wann ist der Zeitpunkt hierfür richtig?
Nicht, dass ich ihn verpasse und dann vergesse.
Das Schlimmste aber ist für mich, dass auch Dich ich vergessen werde. Ja, Dich!

Das ist unerträglich für mich. Ich möchte in der letzten Minute meines Lebens an Dich denken.

Was wir gemeinsam erlebt haben. Was uns verbindet.

Das würde alles leichter für mich machen und zu wissen: Du bist schon vorher da gewesen und ich treffe Dich auch noch in einem anderen Leben. Das wäre ein großer Trost für mich.

Innere Freiheit

Und wenn du aus den Bergen zurückkommst,
bist du nicht mehr Der
Du bist der Andere, die gehäutete Schlange
Alte Schuppen abgeschüttelt
Gedanken sortiert und gereinigt
Dein Körper gestärkt von Luft und Sonne
Kopf frei, gereinigt, gestärkt
Nicht mehr zurückkehren als der,
der verlassen hatte das Davor
Neues und verlorengegangenes Erkanntes in sich tragen nun in die alten Zimmer zum neuen Leben
Schritt für Schritt weg vom Davor
Vorwärts in unbekanntes neugieriges Leben zu erkennen mehr hinter der abgeplatzten Schuppenhaut
Ich gehöre nicht mehr dazu – zu den alten Zimmern
Doch erkennst du mich jetzt anders
Ich gehe jetzt – drehe mich um - Neues Erkennen
Innere Freiheit

Duchowe wyzwolenie

A kiedy wracasz z gór,
nie jesteś już Ten
Jesteś Ten Inny, obdarty ze skóry wąż
Stara łuska strząśnięta
Myśli posortowane i oczyszczone
Twoje ciało wzmocnione powietrzem i słońcem
Głowa wolna, oczyszczona, pokrzepiona
To nie powrót tego,
który opuścił to wcześniej
Nowe i przepadłe poznanie nieść w sobie teraz do starych
pokoi ku nowemu życiu
Krok po kroku uciec od przeszłości
Do przodu w nieznane ciekawe życie poznawać więcej pod
pękniętą łuską
Ja już tam nie należę - do starych pokoi
Jednak dostrzegasz mnie teraz inaczej
Odchodzę teraz - odwracam się - nowe poznawać
Duchowe wyzwolenie

Die Absicht meines Schreibens

Langsam verstehe ich die Absicht meines Schreibens. Es sind Worte aus der Stille und Selbstreflexion. Aus der Beobachtung und innerem Tiefgang, Bilder aufsteigen zu lassen und dem Versuch, diese Bilder in Worte zu fassen und direkt mit Tat und Gefühlsfluss zu verbinden. Das sehe ich als meinen Versuch, meiner Absicht des Schreibens, das, was aus mir kommt in den richtigen wahren Worten einzufangen, wiederzugeben und beim Leser genau die identischen Bilder und verbundenen Gefühle zu wecken. – Ich weiß, es ist nur ein Versuch. Denn könnte ich auch die authentischen Worte für die Emotionen und Handlungen finden, ich könnte sie dem Leser nicht in die Seele, ins Herz, in ihr inneres Auge schreiben. Ich kann nur meine Hand auf die ihre legen und darauf hoffen, sie empfinden das Gleiche wie ich, um ihnen einen Blick in mich zu geben, um Missverständnisse aus äußeren Eindrücken, Empfindungen und Gesten zu vermeiden. Doch auch die Hoffnung, dass sie die gleiche Schwingung aufnehmen mit meinem Hintergrund, Wissen, Empfindung ist von meiner Seite schon eine Täuschung. Nie, nie wird es das Gleiche sein. Sein!

War eine Handbewegung liebevoll oder abwertend, abwinkend? Oder einfach nur eine Handbewegung – die ich nur mit Emotionen verknüpft habe. Von Emotionen, die aus mir kamen und überhaupt nichts mit der Bewegung dieser Hand zu tun hatten. Verstehst Du nun was ich meine?!

Die Bewegung Deiner Hand bist Du – das Gefühl bin ich –Schreiben tue ich zu finden die authentische Schwingung. Wie zwei Lichtpunkte auf einer Bühne: Es ist ein Versuch, sie deckungsgleich zu ein und demselben Punkt zu vereinen. Das ungleiche Zittern beider lässt Abweichung erahnen. Am Rand entstehen Farben durch Lichtbrechungen. Unter diesem Licht zu stehen wird unerträglich heiß auf Dauer. Und lässt die zwei Lichtpunkte wieder ausbrechen voneinander. Um zwei zitternde, flatternde Lichtpunkte an unterschiedlichen Wänden zu sein. Um im Punkt Gegenstände zu finden, deren Erkennen und Erhellen sich lohnen würde.

3 Tage nur

3 Tage noch, 3 Tage mehr zum Überlegen
3 Tage, zu sagen, ach hätt' ich doch
3 Tage blicken in die fremde Welt
3 Tage, um zu überleben

Um nicht zu erbeben

Habe ich die Sprengladung verdoppelt
um zu beruhigen
meinen Nervpunkt im Gehirn

Das Optimum ist die Ausnahme der Normalität

Normal ist der Wahnsinn als Wahrheit
Die Wahrheit ist überdeckt von Täuschung
Mörder sind unter uns angemalt
Wer der Normalität entweicht gilt als verrückt
Doch verrückt ist die Täuschung
Das System wird kontrolliert
Normale Mörder,
die nicht funktionieren
leben unter uns
In jedem von uns

Spiegel

Ich blicke in den Spiegel an der Wand.
Ich sehe meinen Körper im Spiegel. Verkehrt.
Denken tue ich. Ich!
Ich nehme den Spiegel weg.
Ich blicke auf die Wand. Wand!
Mein Körper bin ich. Wahr bin ich.

Ich blicke in den Spiegel meiner Seele.
Ich sehe meine Seele in Deiner. Verkehrt.
Sein tue ich.
Ich nehme den Spiegel weg.
Ich blicke in meine Seele.
Meine Seele bin ich. Ich bin!

Meine Wahrheit liegt in mir. So wie Deine in Dir liegt.
Durch die Spiegelung in Deiner Seele habe ich mich erst erkannt!
Konnte in mich erblicken getrennt durch das Spiegelglas.
Ich drehe mich vom Spiegel weg – und falle in das Tief meines Selbst.
Begleitet und geleitet durch Dein Bild an meiner Seite.

Albrecht

Albrecht[2] lachte auf und sagte:
„Ihr habt es einfach vergessen, wie es gewesen ist! Ganz einfach - Nicht mehr! Nur vergessen. Dabei war es so einfach – Und ihr macht es so groß ...
Es war nur mein Blick, mein Pinselstrich,
meine Schöpfung, meine Extravaganzen,
meine Depression.
Ich war es nicht! Bin es nie gewesen, der, der ich heute bin für eure Vergangenheit.
Nur mein Anspruch trieb mich ...“

---

2) Albrecht Dürer

Blick in mich durch dich

So vertraut bist du mir
Ich brauche dich kaum anzusehen
So weiß ich: du bist
Du bist da
Bist da für mich

Wie ein großer breiter Fluss
Der zwischen den Welten fließt
Lässt du mich entfalten
In deinem breiten weiten sicheren Flussbett
So hältst du mich in meiner Freiheit
Dein Flussbett trägt mich meinem Ziel entgegen

Es bedingt einander
Dein Gesicht ist jeden Tag anders
Jeden Tag an meiner Seite
Und so vertraut
Ich danke Dir!

Das Schweigen in den Tränen

Manchmal ist es schrecklich still zu sein
Sein in der Stille
Findet die Wahrheit in mir
Manchmal schreckliche Wahrheit.
Tränen gebieten Schweigen
Sind Seelentrübungen
Bringen Klarheit
Wahr Sein!

Nicht mehr

Ach, und das alles ist doch nur das Pflegen des eigenen EGOs.
Mehr nicht.
Egal, in welche Philosophie, Religion ich sehe,
es geht doch nur um die eigene Seelenruhe.
Also doch, um das eigene Ich zu befriedigen.
Und das Schwenken des Weihrauchs um die eigene Person. Um
aus den Schwaden heraus zu trachten,
wie gut sich das doch anfühlt, so erhellt von der Kraft,
die man meinte erkannt zu haben, sich eitel im Kreise zu drehen.
Diese Empfindung erzeugt bei mir Hass – Selbsthass -
Nicht mehr.

Embracing – Embarrassing

What makes the difference?

The word – the meaning - the feeling –

The communication between both words

The writing – the sound – the expression

Embracing ☺ words from me are

Embarrassing ☺ words for you

Sommerwünsche

Leben im Jetzt und Hier
Tag und Sekundengenau
Jetzt im Sommer stehen
Ohne Wintergedanken
Ich wünsche Dir
Gesundheit für Deinen Körper
Sommerkirschen für Deine Sinne und Deinen Bauch
Liebe für Dein Herz
Hingabe in all Deinem Tun und Handeln
Jetzt und Hier im Sommer

ICH

Erst suchen

Dann gefunden haben

ICH

ICH schleicht sich in mich

Manchmal wie Gift

Gedanken meinen, sie sind existent

Falsch gedacht

Taten halten wach

Und zuhören meinem ICH

ertappen die Selbsttäuschung, Illusion

auf der Hut sein

ICH

Das Kleid

„Um ehrlich zu sein“, dachte er, „das Kleid schaut unmöglich aus.“ Doch sein Blick für den jugendlichen Körper darunter, ließ verzeihen solche Gedanken, da er von Mode eh nichts verstand, wo unmögliche Schnitte anscheinend jetzt modern sein sollen. Doch der Schnitt ließ zur Auswahl, unten ziehen, um oben ... na ja ... oder der Griff unten, um ...na ja.

Doch sie hüpfte tanzend durch den Raum mit jugendlicher Leichtigkeit. So unbefangen für ihn, dass es fast weh tat da drinnen, wo das – sein Herz – das auch mal die Jugend hatte, noch schlägt.

Wozu er da war, hatte er fast vergessen. Ach ja, er hatte heute noch was vor mit dem Kleid und der Jugend. Er lachte auf, sie in ihrer Unbefangenheit, sei schon erheiternd.

Sie schlüpfte in ihre offenen, hohen Schuhe. Machten dadurch ihre Beine noch länger. Die Tasche leicht über die Schulter geworfen. In ihrer Natürlichkeit zog sie ihn hoch, schob ihn aus der Tür. Die Treppe runter, hinaus auf die Straße, um zu erleben die Stadt. Cafe oder Bar.

Egal. Die Luft warm, angenehm für nackte Haut. Die Luft ließ spüren den Sommer zwischen den Häusern, Autos. Hektisch und doch erhebend. Die nackten Füße in den hohen Schuhen gaben dieses Geräusch. kleb – klapp, kleb – klapp. Kleben an den Füssen und schnalzen zurück. Vertraut und angenehm. Sie schlängelte sich durch die Leute, parkende Roller, elegant aus der Hüfte umgehend jedes Hindernis. Das Haar lang, gehalten von der Sonnenbrille. Er wie ein Indianer auf leisen Sohlen den Anschluss nicht verlierend. Amüsiert. Und was jetzt kommen mag. Wo er doch eigentlich etwas anderes vorhatte mit dem Kleid und den hohen Schuhen. Doch zu früh die Gedanken an solch einem Tag zu erleben den Sommer. Dann im Cafe schob er ihr höflich den Stuhl hin. Nahm selber Platz im Schatten. „Was Madame wünscht?“, fragte der Kellner – „ah ... mit Aperol und der Herr? ... Espresso ... Gerne.“

Sie lachte aus ihrem breiten Mund, die weißen Zähne stehen gerade. Er beobachtete sie aus den Augenwinkeln. So offen taxieren traute er sich nicht. Er zog die Luft ein durch die Zähne, intensiv als wollte er eine Zigarette rauchen „... die eine noch!“ erinnerte er sich 30 Jahre zurück. Nur das Mädchen hatte sich nicht verändert. Die Leichtigkeit der Jugend ließ ihn auf einmal sehr schwer werden im Kopf. Um das zu erleichtern, war er doch eigentlich hier. Sie sah ihn erwartungsvoll an. Wartete auf einen Witz, eine komische Bemerkung - ja vielleicht sogar über ihr Kleid.

Doch heute nicht – nicht mehr. Sie lachte, redete auf ihn ein, grüßte Freunde, die vorübergingen. Verabredungen für heute Abend. Verabredung, das war das Stichwort! Ließ ihn aufschrecken. „Ja, - nein," - er hatte heute noch was vor. Den letzten Schluck Espresso schwenkend in der Tasse – wie wertvolles Gut lösen. So lösten sich seine Gedanken. – Ja, er hatte heute noch was vor – jetzt! Endlich! Er stand auf. Sie fragend. Er entschuldigend, fast ungeduldig. Legte Geld auf den Tisch. Einen Kuss ihr noch entschuldigend auf die Wange hauchend. Der Ausschnitt des Kleides geheimnisvoll, doch jetzt nicht mehr wichtig. Er musste fort.

Und dort, wo das Meer wild die Wellen gegen den Strand und der Wind den Sommer in die Kühle treibt. Dort läuft er jetzt nicht mehr gegen sich selber an. Lässt den Wind mit sich und seinem Körper messen. Doch in sich ruhend – hier! Die salzige Luft, der Atem, der bei mancher Böe ausbleibt. Die Möwen, die über ihn im starken Wind ruhigen Walzer tanzen – lassen sich nicht beirren durch geworfene Kieselsteine gegen den Wind. „Cześć!"[3] Schreit er ihnen entgegen. Der Wind trägt jeden Laut fort. Die Brandung taucht alles in ihren Bann und lacht ihn aus. Doch er bleibt stehen. Bei sich. Für sich. Für diesen, seinen Weg. Cześć!

[3)] Polnischer Ausruf für „Servus", „Hallo"

Sukienka

„Będąc szczerym“ – pomyślał - „ta sukienka wygląda okropnie“. Jednak spojrzenie na jej młode ciało wybacza takie myśli, bo i tak nie ma pojęcia o modzie. Prawdopodobnie ten koszmarny fason jest teraz na czasie.

W każdym razie krój pozostawia wybór - przeciągnąć w dół, żeby góra... no tak... albo chwycić poniżej, żeby... no tak.

Ona tymczasem tanecznie, z młodzieńczą lekkością podskakuje przez pokój. Tak swobodnie, że aż go w dołku ścisnęło, w tym jeszcze bijącym sercu, które kiedyś było młode.

Prawie zapomniał po co tu był. Ach tak, planował coś z sukienką, z młodością. Zaśmiał się. Ona swobodna. Bądź wreszcie zabawny.

Wskoczyła w klapki na wysokim obcasie. Wydłużyły jej i tak już długie nogi. Z lekkością zarzuciła torbę na ramię. Bez skrępowania pociągnęła go i wypchnęła za drzwi. Schodami na dół, na ulicę, zobaczyć miasto. Kawiarnia, albo bar. Obojętnie. Ciepłe powietrze, takie przyjemne dla nagiej skóry. Czuć to lato pomiędzy domami, autami. Pośpiesznie, a jednak dostojnie. Gołe stopy na wysokich obcasach dźwięczały. Klip-klap, klip –klap. Przyklejają się do stóp i znowu strzelają.

Beztrosko i przyjemnie. Prześlizgiwała się pomiędzy ludźmi, parkującymi skuterami, elegancko omijając biodrami każdą przeszkodę. Długie włosy podtrzymywane słonecznymi okularami. On, niczym Indianin na cichych podeszwach nie gubiący kontaktu. Zabawne. I cokolwiek teraz by się nie zdarzyło. Przecież miał inne plany, co do sukienki i wysokich obcasów. Jednak za wcześnie jeszcze na takie zamiary. Potem w kawiarni uprzejmie podsunął jej krzesło. Sam usiadł w cieniu. „Czego sobie pani życzy?" – zapytał kelner – „ah ...z aperolem a pan? ... Espresso... oczywiście."
Uśmiechnęła się szeroko pokazując białe, równe zęby. Zerkał na nią kątem oka. Tak wprost nie miał odwagi. Wciągnął powietrze przez zęby tak intensywnie, jakby chciał zapalić papierosa ... „jeszcze tylko jednego" - przypomniał sobie 30 lat wstecz. Tylko dziewczyna się nie zmieniła. Nagle ta zwiewność młodości spowodowała, że głowa mu zaciążyła. A przecież spodziewał się czegoś zupełnie odwrotnego. Patrzyła na niego wyczekująco. Czekała na jakiś żart, jakąś śmieszną uwagę, może nawet na temat sukienki. Ale nie dzisiaj, już nie. Śmiała się, zagadywała go, pozdrawiała przechodzących przyjaciół. Spotkania na dzisiejszy wieczór. Spotkanie, to było właściwe hasło! To go przeraziło. „Tak – nie" – miał już swoje plany. Wydobyć, niczym drogocenny skarb ostatni łyk espresso zamieszany w filiżance. Tak wydostały się jego myśli. Ależ on miał plany na dzisiaj! Na teraz! Nareszcie! Wstał. Ona

zdumiona. On tłumacząc się wręcz niecierpliwie położył pieniądze na stoliku. Jeszcze tylko przepraszająco musnął jej usta. Tajemniczy dekolt sukienki, ale to przecież już teraz nieważne. Musiał pójść.

I tam, gdzie morze z dzikością przegania fale na brzeg, a bryza lato chłodem smaga. Tam nie ucieka sam przed sobą. Pozwala wiatrowi zmierzyć się z jego ciałem i nim samym. Tymczasem odprężył się, właśnie tu. Słone powietrze, oddech, czasami podmuchem wstrzymany. Mewy w silnym wietrze spokojnie ponad nim tańczące walca i nie dające się zwieść kamykom rzucanym pod wiatr. „Cześć!" krzyczy w ich stronę. Wiatr niesie każdą głoskę. Kipiel zanurza wszystko w swoim uroku i śmieje się z niego. A jednak tam pozostał. U siebie. Dla siebie. Dla tej jego własnej drogi. Cześć!

Meine polnische Seele – der Weg dorthin

Ich meine, auf was für einem Weg befindest Du Dich?

Je mehr ich über Polen lerne, desto identischer werde ich mit mir. Und wenn ich mal wieder ein für mich fehlendes Puzzleteil für meine polnische Geschichte - für meine polnische Wahrheit – aufgedeckt habe, stehe ich erst verwundert, dann berührt da. Ja, diesen Anker für sich erkennen und daran sein SEIN festmachen. Was ich auf meinem Weg dorthin so alles finde. Ich blicke an mir herab und sehe ein weißes Shirt und einen roten Rock, an meinen Füssen rote Schuhe. Vor meinen Füssen dieser Kieselstein. Du weißt schon, der, der einem einfach direkt vor den Füssen liegt, den man nur erkennen und aufheben muss. Und doch geht es noch näher. Nicht vor meinen Füssen - in mir, tief in mir liegt das – das SEIN, da wo man den Anker für sich festmacht. Es wäre so einfach, wäre da nicht das Shirt, der Rock, die Schuhe in ihrer Oberflächlichkeit, die in ihrer Farbenwahl auch noch Flagge bekennen. Und doch gerade deshalb auch noch vom Wesentlichen ablenken in ihrer Nettigkeit. Aber je mehr ich davon weiß, desto mehr macht es mich zufriedener, die Bestätigung dessen zu hören, was offensichtlich schon seit langem oder immer schon, tief in mir ruht. Polen langweilt mich nicht! Es ermüdet mich nicht! Es ist Offenbarung für mich! Als wäre lange Verlorengegangenes, Vergessenes wieder sichtbar geworden. Und dann sind der schmale grüne Pfad durch polnische Wälder, der Sand der polnischen Küste, das feuchte Pflaster von Danzig am frühen Morgen, die Silhouette der Hohen Tatra, die slawische Seele eingefasst in meinen deutschen Rahmen den Blick freigebend auf den Teil meiner polnischen Seele. Kłaniam się nisko.

Moja polska dusza - i droga do niej

Myślę sobie, na jakiejż to drodze się znajdujesz?

Im bardziej poznaję Polskę, tym bardziej jestem w zgodzie sama z sobą. A kiedy udaje mi się odkryć brakującą część układanki mojej polskiej historii, mojej polskiej rzeczywistości, najpierw mnie to zadziwia, potem ekscytuje. Tak, uświadomić sobie tę właściwą kotwicę i do niej przymocować jej byt. Czegóż to ja nie znajduję na tej mojej drodze do niej. Spoglądam na siebie i widzę białą koszulkę i czerwoną spódnicę, na stopach czerwone buty. Pod stopami otoczak. No wiesz, ten kamyk, który po prostu leży u stóp, który wystarczy dostrzec i podnieść. Ale to przecież jest jeszcze bliżej. Nie pod moimi stopami, to jest we mnie, to tkwi głęboko - ten byt, gdzie zarzuca się kotwicę. To byłoby takie proste, gdyby nie ta koszulka, spódnica, buty nie przypominały flagi w banalnym zestawie kolorów. I właśnie dlatego grzecznie odwracają uwagę od istoty. Ale im lepiej to rozumiem, tym bardziej zadowala mnie potwierdzenie tego, co w zasadzie od dawna, albo już zawsze głęboko tkwi we mnie. Polska mnie nie nuży!

To mnie nie męczy! To jest objawienie! Jakby to długo zaginione, zapomniane znowu się objawiło! A potem te wąskie, zielone dróżki przez polskie lasy, piasek polskiego wybrzeża, mokry bruk w Gdańsku wczesnym rankiem, sylwetka Tatr - słowiańska dusza oprawiona w moje niemieckie ramy pozwalające zerknąć na część mojej polskiej duszy.

Kłaniam się nisko.

Depression – Island alone

Like black glass
Through the streets of grey
Hurting words
Heavy silence
Island alone

Senseless, no hope
Killed love told to go
Move away
Paralyze walk
On the Island

Stones cold, no green
Hidden lost emotions
Faces of ice
Death on shoulder
Frozen Island

Stand up never
Broken legs lay
Blind eyes closed
Endless night
Dark Island

Forgotten path
Heaven falls
Dirty cloth
Ignorance laugh
Empty Island

Be like a bird
Bridge of stone
Heavy fight win
Way back live
Leaving the Island

Verbundenheit

Was Meine Ohren hören
Klingt in Deiner Seele -
Deine Worte
Schwingen in Meinem Atem –
Überkreuzte Verbundenheit

Egal in welchem Tun und Davongehen
Ist Eintreten in Dein Sein -
Mein Haus ist Dein Seelenspiegel
Dein rausgetragener Müll ist meine Heilung
Mein Schweigen ist Dein Gesang -
Dein Leben hier ist ein Wimpernschlag von mir
aus meinem Leben davor -
Für das nächste Leben eine Wimper von mir mit einem Lächeln von Dir.

Novembergefühle

Es ist November
Und ich erlebe das Licht
da draußen so hell
wiederkommend im Frühjahr –
Ich schließe das Fenster
um durchblicken zu können
in das klare Licht da draußen
im Nebel –
Der kurze Tag verlängert
das Gefühl der Wärme
des Lichts durch das Fenster –
Die Enge in diesem großen Haus
lässt mich rausgehen
in helle Novembertage –
Und die geschlossenen Fenster
lassen das Haus drinnen

Langsam wird die Zartheit,
die Dünnhäutigkeit,
die Sensibilität,
die Schwingung verstanden.
Denn Missverständnisse
gehen durch die Haut
und treffen in dem Kopf
diesen schwarzen Punkt,
der diese Art von Täuschung
nicht aushält.
Täuschungs-Auflösung.

Manche Probleme sind keine Probleme.
Sie haben eine Leichtigkeit wie Federn,
die mich zu Boden drücken.

Wortlos

Worte zu denken ist jetzt verboten
Worte zerfressen Gehirn
Worte würden zu viel wagen

Wortlos funktionieren
Wortlos nicken, Hände heben
Wortlos atmen, stehen
Wortlos alles ansehen
Wortlos schweigen
Nicht verbinden mit Gehirn
Sonst Worte würden entstehen.

Verlernen zu denken
Verlernen zu reden
Würde ich das:
Das wäre schön für alle Anderen
Dann müssten sie nicht denken
Könnten wortlos leben.

Lebenstreffpunkt

Ich kann nichts dafür
Habe danebengelegen
Habe danebengesungen
Habe danebengelebt

Ich will daneben leben
Als Nachbar
Auf der Schießscharte
Den Zielpunkt zu treffen
Um einmal Ja! Zu schreien
Beim Treffpunkt
Daneben im Leben

Das Trapez

Sie schaute vom Boden auf. „Wie? Es ist vorbei?“ Er sah sie leer an. „Ich verlasse dich.“ hörte sie ihn sagen. Sie blickte auf die Fahrkarte in ihrer Hand. „Dabei verlasse ich dich doch gerade in diesem Moment. In 10 Minuten mit dem Zug. Wie immer.“ Sie hörte ihre Gedanken. Sagen wollte sie nichts.

Sie blickte nochmals zum Boden. Wie im freien Fall kam er ihr näher. Doch das Trapez ließ sie zurückfedern, auffangend, umfassend. Zurückfedern in diesen realen Augenblick. Er verließ sie nicht. Er schickte sie fort. Wie so oft. Doch jetzt für immer. Wie ein Paket mit der Post ohne Absender.

Sie sah ihm ins Gesicht. „Wie immer.“, dachte sie. Sie war dankbar, für die Zügelung seiner Ungeduld, die er meistens in solchen Momenten am Bahnhof zeigte. Unnütze Zeit für ihn, mit den Gedanken schon ganz woanders. Er war grau im Gesicht. Warum tat er es dann? Das Beenden, was erst gar nicht begonnen hatte. Sich irgendwie als Gewohnheit eingeschlichen hatte.

Das Revers seines Jacketts war auf links aufgeschlagen. Sie sah das ausgefranste Futter und die Fäden. Es zu richten fehlte ihr die Kraft und das Interesse. Daher heute Morgen die Ruhe und Geduld, die sie selten an ihm genießen konnte.
Er schickte ihr ein Lächeln durch ihre Gedanken. Für ihn war das somit erledigt. Höflich nahm er ihren Koffer und ging Richtung Bahnsteig. Das Mindeste und auch das Letzte somit, das er tun konnte. Auf die Pünktlichkeit des Zuges hoffend.
Sie im Taumel nochmals vom Trapez aufgefangen und hoch geschleudert. Er verließ sie und war doch hier zu Hause. Sie fuhr doch fort. Wie immer. Sie brachte diese beiden Gedankenfäden nicht zusammen. Aber ... aber ... ließ sie noch etwas zurück? In seiner Wohnung. – Nichts – Wie immer, wenn sie ging, hinterließ sie keine Spuren, als wäre sie nie da gewesen. Wie ein Gast auf der Durchreise. Jetzt ohne Rückfahrkarte. Doch in der Hand hielt sie die Rückfahrt. Sie brachte es irgendwie immer noch nicht zusammen. Sein Verlassen, ihre Abreise.
Am Bahnsteig stand der Zug bereit. Wie von ihm bestellt. Erleichtert. Der Schwung des Trapezes nahm ab. 10 Minuten dürften reichen für solche Klarheit. Was

hätten Tränen und Diskussionen am Abend die Nacht hindurch gebracht. Sie sah ihn dankbar an. Seine Augen waren voller Erleichterung und sogar Dankbarkeit für ihr Schweigen. Noch 3 Minuten. Er schob den Koffer in den Zug. Sie stieg hinterher. Die Umarmung hatte sie vergessen und den gehauchten Kuss auf die Wange. Die Nähe seiner Haut, die ihr wie eine ferne Wüste vorkam, jedes Mal in seiner verlorenen Nähe. Sie hob die Hand zum Abschied. Das Trapez stand still. Sie lag darin aufgefangen im Schwindel. Sie hatte auch nicht vor, aufzustehen. Er hatte die Hände tief in den Jackentaschen vergraben. Schaute nach links und rechts, ob er jemanden behindern würde. Schickte noch höfliche Worte zur guten Reise in das Abteil.

Sie drehte sich um, nahm den Koffer auf. Mit allem darin, was sie hatte und was er nicht mehr wollte. Sie ging durch zwei Waggons. Ließ sich schließlich auf der anderen Seite des Waggons auf einen Sitz sinken. Er hatte erst gar nicht versucht ihr vom Bahnsteig aus zu folgen.

Die Durchsage zur Abfahrt klang wie ein Urteilsspruch für ihn. Die Zugtüren fielen zu. Es fehlte nur noch, dass er salutierte. Der Zug setzte sich langsam in Bewegung.

Er drehte sich zum Gehen um. Und doch fiel ihm auf einmal das Atmen schwer. Er ging durch die Bahnhofsarkaden. Dort bemerkte er, was sie vergessen hatte, mitzunehmen und das er jetzt bei sich trug. Ihren Schmerz.

Healing

In this century
In this life
We met each other
Only to survive

In this room
In this space
We gave each other
The air to breathe

No longer guilt
No longer fear
We cried to each other
Thousand Tears

Through this window
In that mirror
We saw each other
As a miracle

Changing a thorn
Into a flower
We saw each other
On one shrub every hour

Seeing in heart
The taken pain
We both each other
Like a burning flame

In dark forest
In light feeling
We drank each other
From the Liquid of Healing

Danksagung:

Danke an Herrn Kamphausen für Ihre Offenheit und Ihr Vertrauen in meine Worte.

Tiefe Dankbarkeit und Liebe für meinen Mann, Klaus, für Deine Begleitung, Deine Unterstützung und Deine Liebe auf meinem Weg.

Danke an Ute für Dein immer offenes Ohr, Deine offene und ehrliche Kritik und Dein Lachen.

Danke an Gabriela für Dein tiefes Vertrauen, Deine ständige Aufmunterung und Deine liebevollen Umarmungen.

Danke an Hubert für Dein SEIN und Deine Inspiration.

Danke an Ruth für Yoga.

Zeitfracht Medien GmbH
Ferdinand-Jühlke-Straße 7
99095 Erfurt, Deutschland
produktsicherheit@kolibri360.de